ELISENDA CASTELLS / GABRIELLE MURPHY

BIBLIA descubre y aprende

LOYOLAPRESS.

Antiguo Testamento

Nuevo Testamento

nube

sol

lémur

La **creación**

Dios creó el cielo y la Tierra. También creó el Sol, la Luna y las estrellas. Después creó las aguas, las montañas y las plantas. También creó los animales y a las personas.

loro

árbol

tigre

castor

hipopótamo

Adán y Eva

Adán y Eva vivían en un jardín precioso. Un día, una serpiente les dijo que comieran el fruto que Dios les había prohibido. Adán y Eva desobedecieron a Dios. Cuando Dios lo supo, respondió expulsándolos del jardín.

serpiente

manzana

hoja

cerdo

canguro

ciervo

limón

naranja

martillo

La construcción del **arca**

lobo

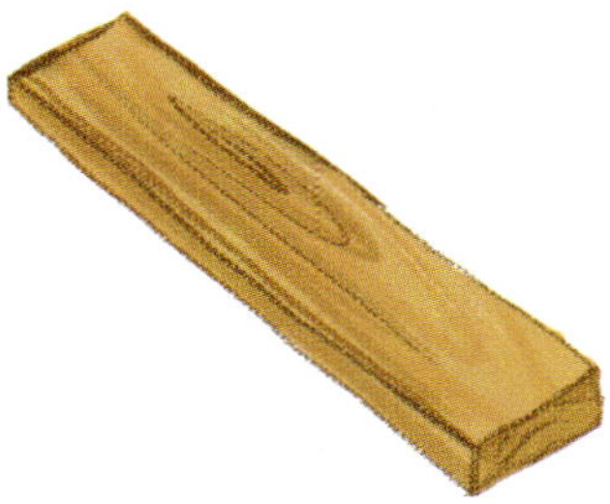

tabla de madera

Cuando Dios vio lo malvadas que se habían vuelto las personas, encontró a un buen hombre, Noé. Dios le pidió que construyera un gran barco, al que llamó arca, y que embarcara una pareja de cada animal. Dios explicó a Noé que inundaría la Tierra para castigar a las personas malvadas.

clavo

cocodrilo

foca

sierra

oso

El **Diluvio** Universal

Llovió muy fuerte y sin parar durante 40 días. Noé, su familia y las parejas de animales estaban a salvo en el arca.
Cuando la Tierra se secó, bajaron del arca y vieron un arcoíris, un signo de la promesa de Dios.

avestruz

elefante

pájaro

alforja

falda

Abraham y Sara

oveja

Abraham y Sara amaban mucho a Dios. Un día, Dios les pidió que fueran a vivir a un lugar lejano. Ellos se trasladaron con sus ovejas y cabras al lugar donde Dios les había dicho.

cabra

burro

Isaac

Abraham y Sara eran ancianos y no tenían hijos. Una noche, mientras Abraham miraba las estrellas, Dios le dijo que tendría descendientes tan numerosos como las estrellas. Un año después, nació su hijo Isaac.

estrellas

búho

mosquito

luna

luciérnaga

farol

cinturón

rama

caracol

piedra

El **sueño** de Jacob

tronco de árbol

Isaac y su esposa Rebeca tuvieron dos hijos, Esaú y Jacob. Una noche, Jacob tuvo un sueño y en él escuchó a Dios que le decía: "Te prometo que nunca te abandonaré".

zurrón

lagartija

conejo

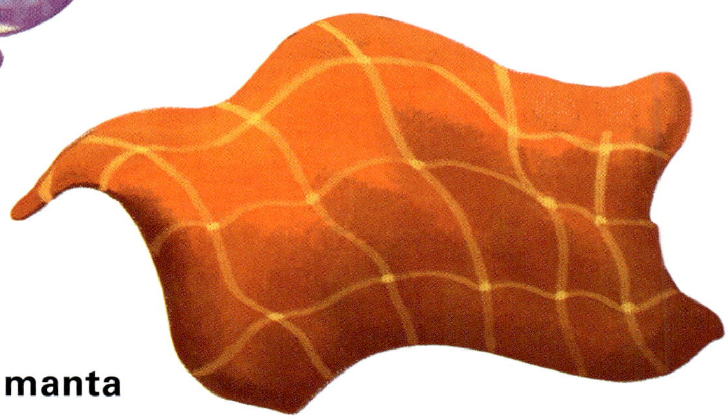

manta

Los **hijos** de Jacob

Jacob tuvo muchos hijos y aunque los quería mucho a todos, José era su preferido.

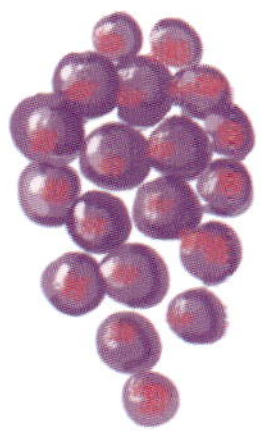

uva

erizo

pera

ventana

telaraña

araña

puerta

peral

nido

grano

saltamontes

José

gato

Un día, Jacob regaló a su hijo José una túnica de colores muy bonita. Cuando los hermanos de José la vieron, sintieron mucha envidia.

pollito

mariquita

túnica

gallina

José y sus **hermanos**

Los hermanos de José estaban muy enfadados. Un día, agarraron a José, le quitaron la túnica y lo vendieron a unos comerciantes que iban hacia Egipto, un país muy lejano.

palmera

cuerda

saco

mariposa

camello

tienda de campaña

cactus

José en
Egipto

José podía explicar el significado de los sueños. El faraón, el rey de Egipto, lo llamó para que le explicara el significado de sus sueños. José aconsejaba al faraón y este siempre le hacía caso.

tocado

jarra

piña

columna

collar

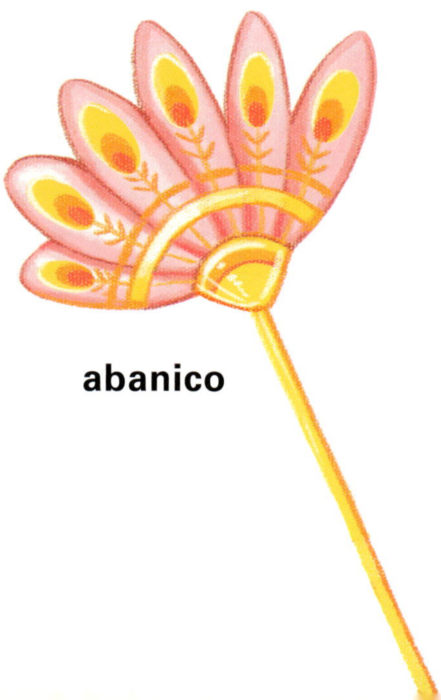

abanico

copa

trono

Los **israelitas** en Egipto

pirámide

En Egipto nacían cada vez más israelitas. Otro faraón, que no era amigo de José, tuvo miedo del poder que iban ganando los israelitas. El faraón los sometió a la esclavitud.
Además, ordenó tirar al río a todos los bebés israelitas.

soldado

ladrillo

látigo

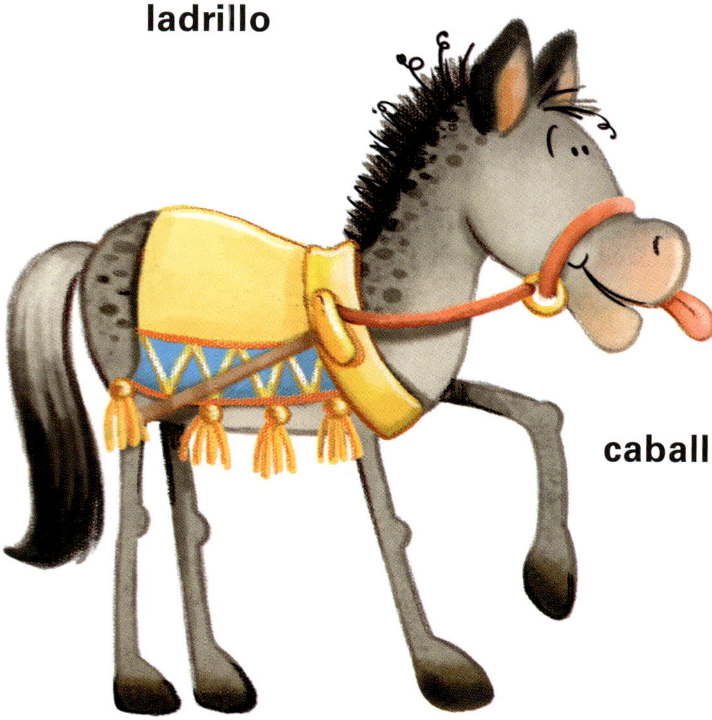

caballo

escarabajo

carro

cesto

nenúfar

Moisés

Para salvar a su hijo, una mamá israelita hizo un cesto de juncos y en él colocó a su hijo. Dejó que el cesto flotara por el río. La hija del faraón encontró al bebé y cuidó muy bien de él. Le puso de nombre Moisés.

cobija

rana

junco

pato

libélula

pulsera

La **zarza** ardiente

lana

Cuando Moisés creció, se marchó al desierto porque había enfadado al faraón. Allí, vio una zarza que ardía y escuchó una voz que decía: “Moisés, vuelve a Egipto y dile al faraón que libere a los israelitas”.

hormiga

cencerro

zarza

rosal

fuego

arena

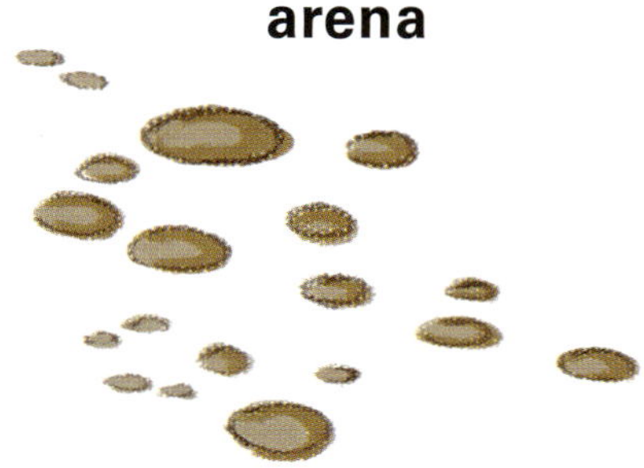

zanahoria

vaca

La salida de **Egipto**

cantimplora

Al principio, el faraón no quería que los israelitas se fueran de Egipto. Dios se enfadó con él y envió muchas plagas a su pueblo. Finalmente, el faraón dejó marchar a los israelitas y Moisés los guio hacia la Tierra Prometida.

queso

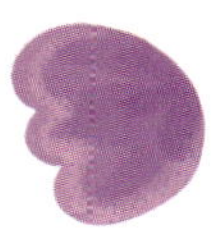

ala de ave

cerdo

gallo

equipaje

Un **camino** a través del agua

gaviota

cangrejo

De camino hacia la Tierra Prometida, los israelitas llegaron al mar. Como no tenían barcas, no podían cruzarlo. Dios envió un viento muy fuerte. Este viento partió las aguas en dos e hizo un camino para que pasaran. De esta manera los israelitas pudieron atravesarlo a salvo.

caballito de mar

tinaja

barba

trenza

pulpo

viento

cuenco

taburete

ratón

El **maná** del cielo

maná

En el desierto, los israelitas tenían hambre y sed. Dios les envió pan desde el cielo que caía como la lluvia. Este pan se llamaba “maná”.

tenedor

blusa

pavo

palo

Los Diez **Mandamientos**

golondrina

Dios pidió a Moisés que subiera al Monte Sinaí. Allí le dio a Moisés dos tablas de piedra en las que había escritas las leyes que debían cumplir los israelitas. Estas leyes se llaman los Diez Mandamientos.

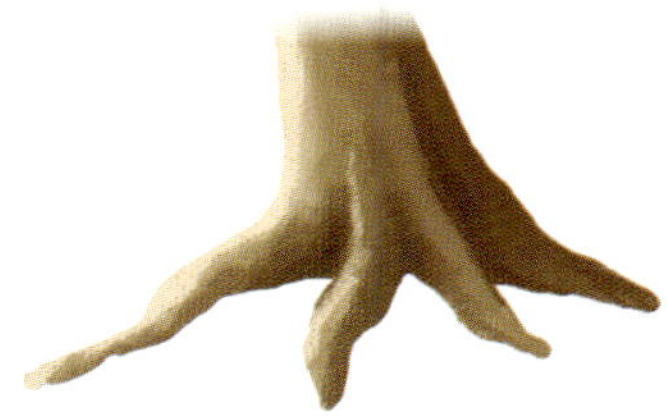

raiz de árbol

tablas de la ley

madriguera

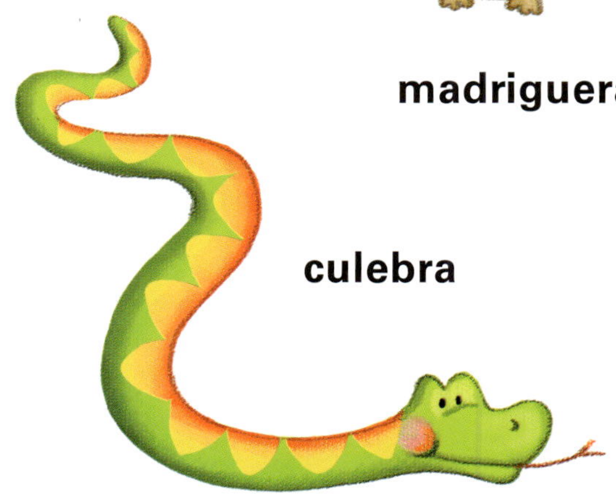

culebra

roca

montaña

guirnalda

cofre

El **Arca** de la Alianza

Los israelitas construyeron un cofre muy bonito y allí guardaron las tablas de la ley, los Diez Mandamientos. Cuando se detenían durante la travesía en el desierto, lo colocaban en una tienda de campaña y rezaban ante él.

menorá

cortina

flor

cojín

banco

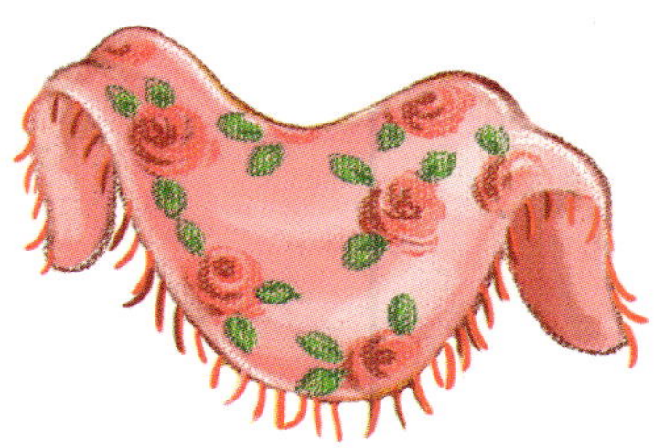

pañuelo

David y Goliat

espada

Después de muchos años, un joven pastor llamado David luchó contra un gigante de nombre Goliat. David lo derrotó y con el tiempo fue proclamado rey.
Dios siempre estuvo al lado de David.

rueda

escudo

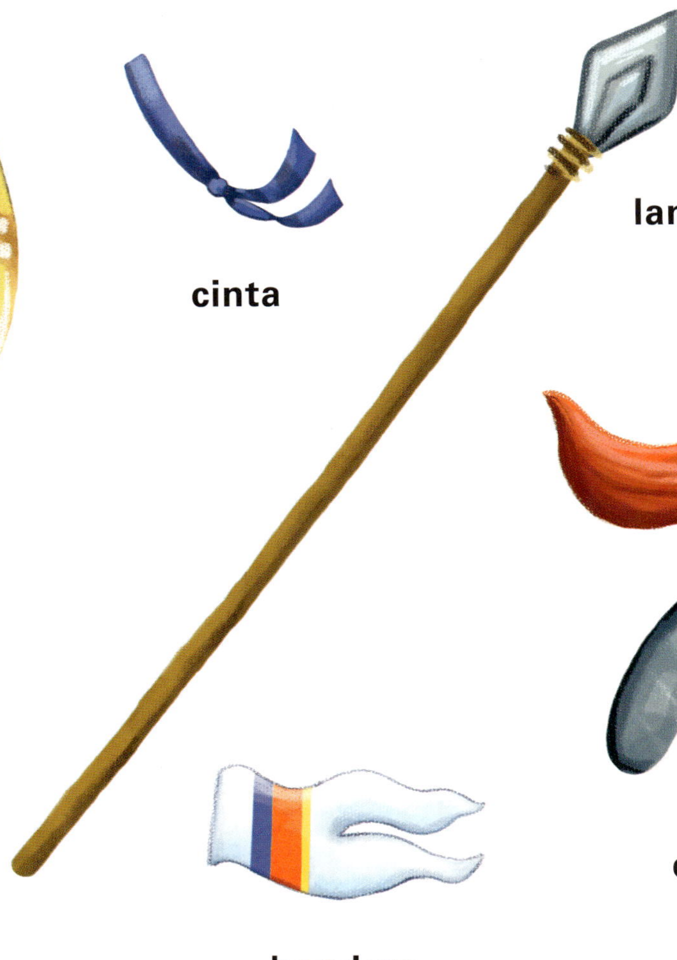

cinta

lanza

casco

honda

bandera

flauta

tambor

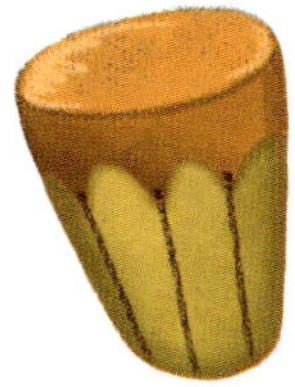

cuadro

El **rey David** en Jerusalén

trompeta

David eligió Jerusalén como la capital de su reino. Allí se trasladó el Arca de la Alianza y el rey David a menudo cantaba y bailaba alrededor de ella. Quiso construir un templo para guardar el Arca, pero no pudo logralo.

alfombra

arpa

caja

maceta

Salomón,
el rey sabio

bandeja

jarrón

Cuando David murió, Salomón, su hijo, se convirtió en el nuevo rey de Israel. El rey Salomón construyó el templo que quiso su padre. Salomón amaba mucho a Dios y únicamente le pidió que le diera sabiduría para gobernar a su pueblo.

fresa

estante

anillo

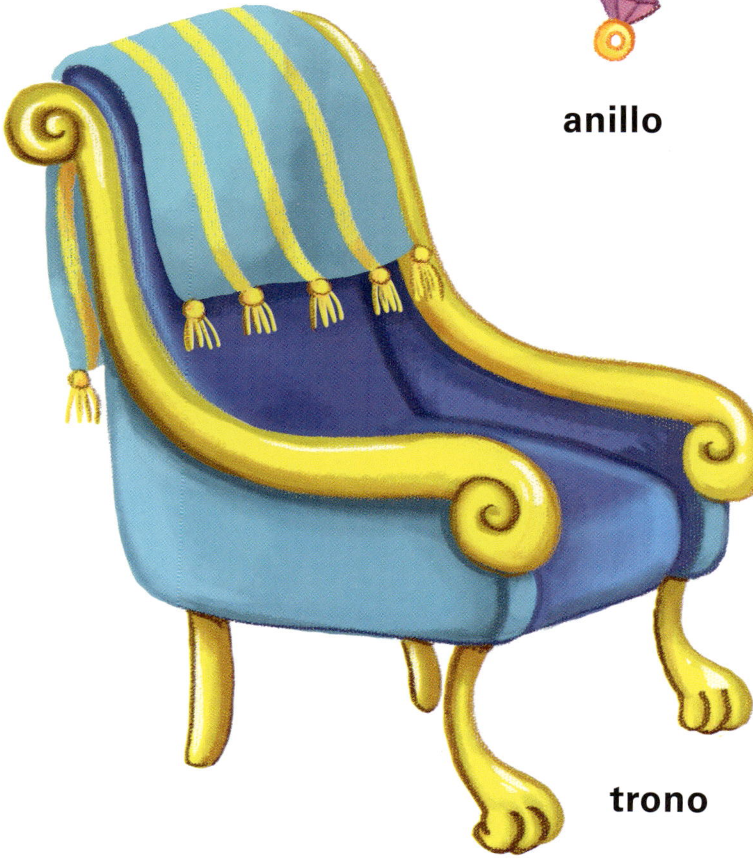

trono

ramo de flores

reloj de arena

pestillo

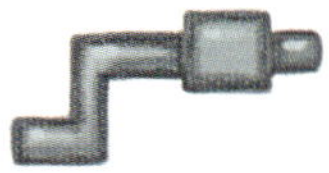

Daniel y los leones

león

mosca

Daniel fue un profeta que amaba a Dios. Por esta razón, un día fue castigado y lo lanzaron a un foso con leones. Daniel pidió ayuda a Dios y los leones no le hicieron daño.

paja

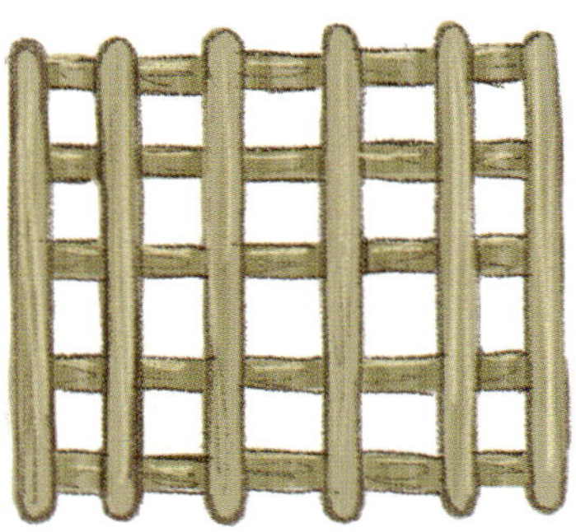

reja

garra

hueso

cola

relámpago

El profeta **Jonás**

Jonás rechazó el llamado de Dios a servirlo como profeta. Durante un viaje en barco hubo una gran tormenta. Jonás cayó al mar y un gran pez se lo tragó. Entonces, pidió perdón al Señor. Jonás fue liberado y se convirtió en un gran profeta.

barril

ancla

estrella de mar

barco

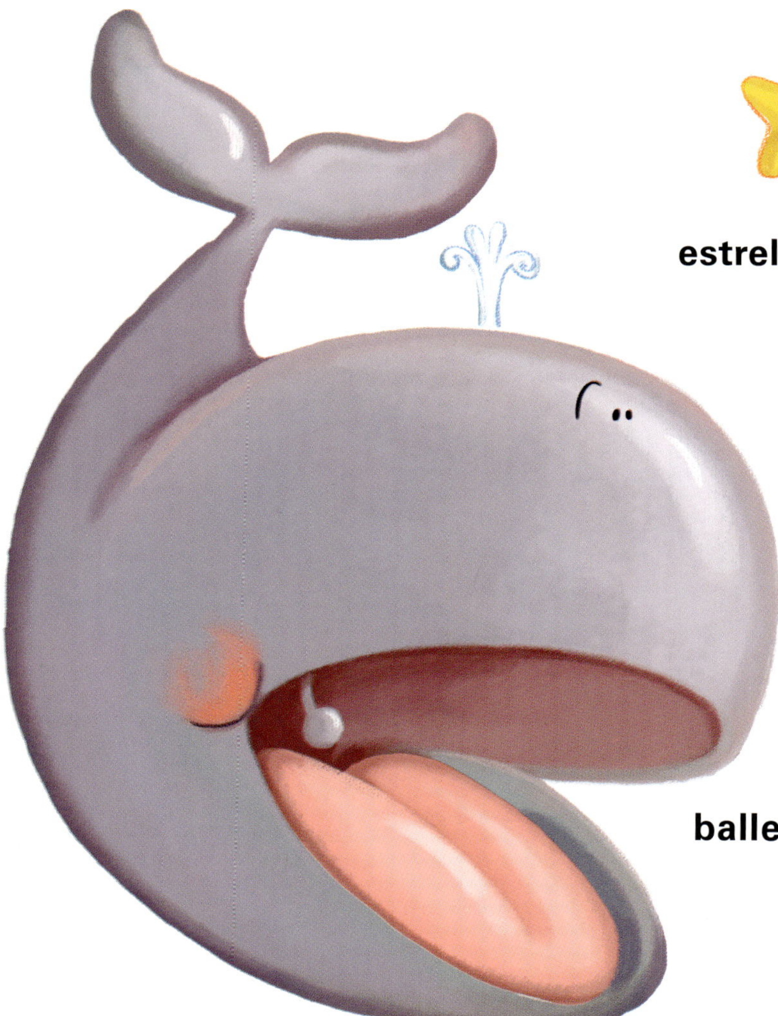

ballena

ola

calabaza

silla

El profeta **Isaías**

cacahuates

Isaías fue también un profeta muy importante.
Un día anunció que una mujer joven tendría un bebé que se convertiría en Rey y sería el salvador del pueblo de Israel.

papel

chimenea

ardilla

escritorio

La **Anunciación**

María era una mujer joven que vivía en Nazaret. Un día, Dios le envió un ángel que le dijo: "¡Alégrate, María! Tendrás un hijo y lo llamarás Jesús. Él será el Salvador".

girasol

lazo de pelo

mecedora

ovillos de lana

ángel

perro

bufanda

tapa

lechera

cuchara de palo

María visita a su prima **Isabel**

trapo de cocina

María fue a visitar a su prima Isabel, que también estaba embarazada. El bebé de Isabel sería Juan el Bautista. Cuando fue mayor, Juan el Bautista se encargó de proclamar a la gente que Jesús era el Salvador.

carbón

delantal

balanza

olla

El nacimiento de **Jesús**

herradura

leña

María y su esposo José viajaron hasta Belén. Cuando llegaron allí, tuvieron que alojarse en un establo porque todas las posadas estaban llenas. Aquella noche nació su hijo Jesús.

cubeta

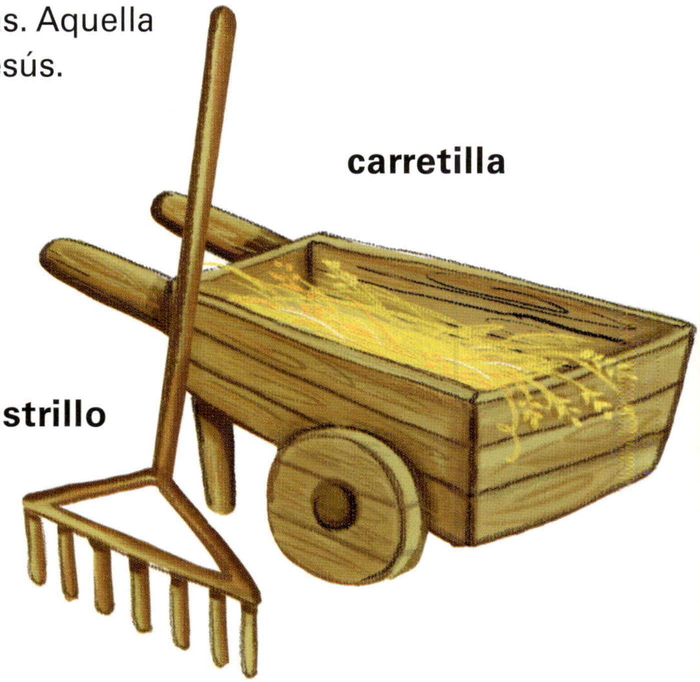

carretilla

rastrillo

tortuga

buey

regadera

huevo

papa

bellota

La adoración de los **pastores**

tomate

Cerca de Belén, en el campo, unos pastores estaban vigilando sus rebaños. De repente, apareció un ángel que les dijo: "Hoy en Belén ha nacido el Mesías, el Salvador".
Los pastores fueron corriendo a Belén a encontrar y adorar al Niño Jesús.

pastor

miel

lechuga

pino

Los **Reyes Magos**

corona

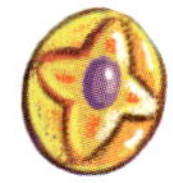

broche

Después del nacimiento de Jesús, tres reyes magos vieron una estrella brillante en el cielo. Los magos la siguieron y esta los guio hasta donde estaba Jesús. Cuando vieron al niño, lo adoraron y le regalaron oro, incienso y mirra.

llave

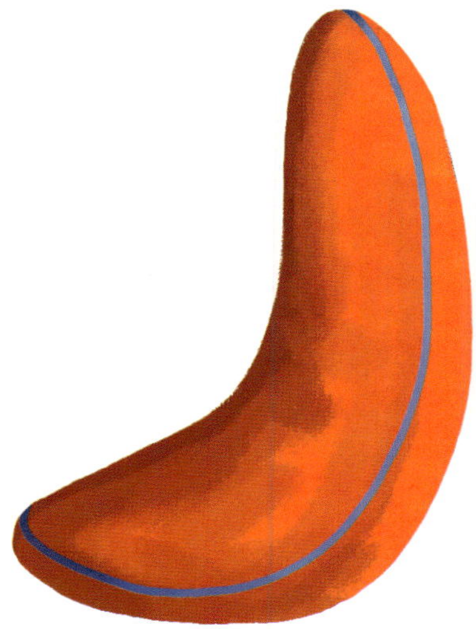

capa

estrella brillante

cuna

zapato

sonajero

libros

mesita

planta

Jesús en el **Templo**

botón

Cuando Jesús tenía 12 años, sus padres lo llevaron al Templo de Jerusalén. Más tarde, cuando iban de regreso a casa, José y María se dieron cuenta que Jesús no estaba con ellos. Regresaron, corriendo al Templo y allí lo encontraron conversando con los maestros.

sacerdote

altar

El **bautismo** de Jesús

Juan Bautista preparaba a la gente para recibir a Jesús como su salvador al bautizarla.
Un día, Jesús pidió a Juan que lo bautizara. Cuando lo hizo, se escuchó una voz del cielo que dijo: "Este es mi Hijo querido".

palmera con coco

paloma

trébol

río

camaleón

renacuajo

cisne

túnica de pelos de camello

red

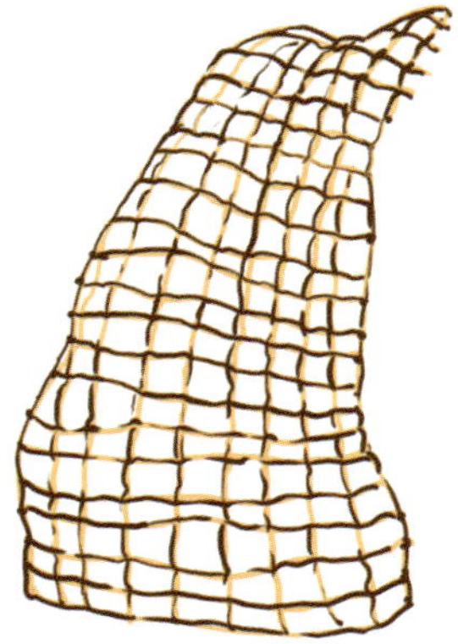

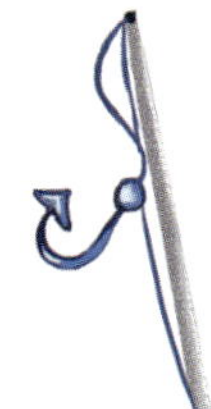

anzuelo

Los **discípulos** de Jesús

Cuando Jesús creció, enseñaba
a la gente quién es Dios y cuánto
nos ama a todos.
Para ayudarlo en su misión,
Jesús eligió a doce hombres
y los llamó sus discípulos.

vela de barco

concha

pescador

remo

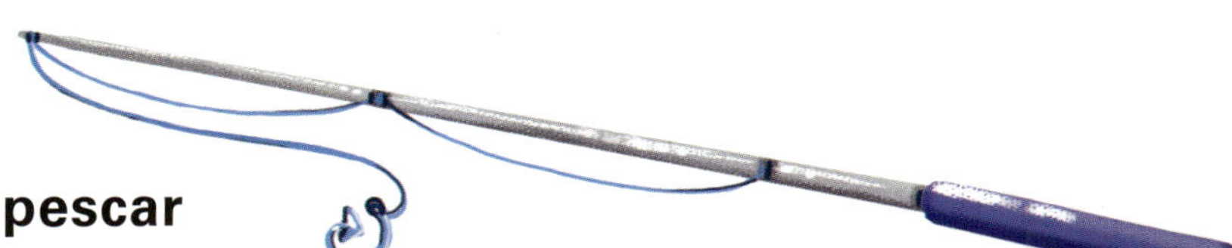

caña de pescar

Las **bodas** de Caná

María, Jesús y sus discípulos fueron invitados a una boda. Durante la fiesta, el vino se acabó. Milagrosamente, Jesús convirtió seis tinajas de agua en un vino muy rico. Este fue el primer milagro de Jesús.

margaritas

copa

taza

plato

sopera

frambuesa

pastel

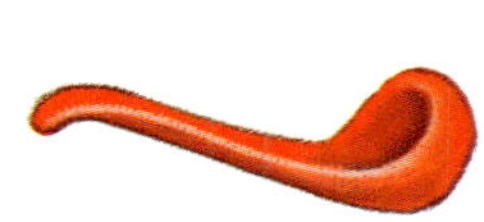

cucharón

hierba

azadón

El **Sermón** de la Montaña

hoz

Jesús y sus discípulos fueron a una montaña a rezar. Estando allí, se les acercó mucha gente. Jesús enseñó a la gente sobre Dios y su Reino.

pimiento

cuerno

pan

jaula

cebolla

La multiplicación de los **panes** y los **peces**

panecillo

Muchas personas se acercaban a Jesús para oír sus historias. Una tarde, la gente que lo escuchaba tenía hambre y no tenía comida. Jesús tomó cinco panes y dos peces, los multiplicó y así todos pudieron comer.

bigote

bolsa

coleta

pez

cigarra

cesta

vendaje

camino

hacha

Las **parábolas**

carretón

Jesús iba de pueblo en pueblo contando historias que enseñaban lecciones importantes. Estas historias se llamaban parábolas. En ellas les explicaba cómo Dios ama a las personas y siempre las perdona.

horca

puente

molino

maíz

trigo

La **oveja perdida**

abeja

En una ocasión, Jesús contó a sus seguidores una parábola sobre un pastor que perdió una oveja de su rebaño y fue a buscarla. Cuando encontró la oveja perdida, el pastor se puso tan contento que se lo contó a todos sus amigos.

cordero

rebaño de ovejas

zamarra

fardo de paja

huerto

charco

colmena

cereza

plátano

cometa

Jesús y los **niños**

gusano

Una tarde, unos padres llevaron sus hijos a Jesús para que los bendijera. Los discípulos les dijeron que no lo molestaran. Jesús regañó a los discípulos por lo que habían dicho. Luego dijo: "Dejen que los niños se acerquen a mí".

bolsillo

muñeca

pelota

albaricoque

La entrada triunfal en **Jerusalén**

escultura

ovillo de lana

Jesús y sus discípulos fueron a Jerusalén para celebrar la Pascua. Jesús entró en la ciudad montado en un burro y la gente lo recibió como a un rey. Lo saludaron con palmas y ramas de olivo mientras gritaban: "Bendito el que viene en el nombre del Señor".

hiedra

hojas de palma

riendas

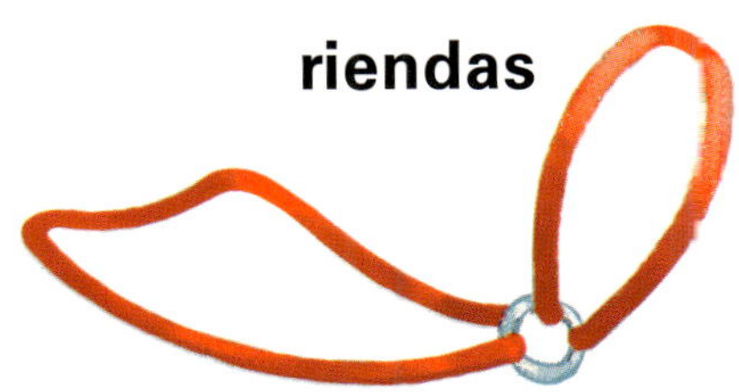

torreón

muralla

techo

La **traición** de Judas

baldosa

cucaracha

Los sumos sacerdotes no querían a Jesús. Un día le dieron dinero a Judas Iscariote, uno de los discípulos de Jesús, para que les dijera dónde podrían encontrar a Jesús para arrestarlo.

monedas

gancho

lámpara

baúl

La **Última Cena**

vino

Jesús quería celebrar con sus discípulos la fiesta de la Pascua. Esta comida se llama la Última Cena. Jesús dio gracias a Dios y dio su Cuerpo y Sangre para todas las personas.
Jesús estaba muy triste porque sabía que Judas lo iba a traicionar.

escoba

pan

servilleta

frutero

aceitunas

antorcha

El Huerto de **Getsemaní**

flecha

Después de cenar, Jesús y sus discípulos fueron a rezar al Monte de los Olivos.
De repente, Judas llegó acompañado por soldados con espadas y palos. Estos apresaron a Jesús y lo llevaron ante el gobernador, Poncio Pilato.

cuervo

valla

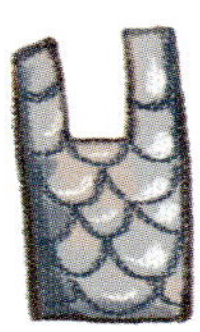

armadura

arco

olivo

La **Crucifixión**

murciélago

Poncio Pilato condenó a muerte a Jesús. Mandó crucificar a Jesús en el Calvario.

Cerca de la cruz de Jesús estaban, entre otros, su madre María y Juan, uno de sus discípulos.

lágrima

cruz

pueblo

capucha

lavanda

tarro

hongos

La **Resurrección**

El viernes en que murió Jesús, sus amigos lo enterraron en una cueva. El domingo por la mañana, cuando varias mujeres fueron a visitarlo, vieron que la piedra de la entrada ya no estaba. Un ángel les dijo que Jesús había resucitado.

pluma

pino

rosa

tulipán

ciempiés

cueva

La **Ascensión**

Después de su Resurrección, Jesús se apareció a sus discípulos en varias ocasiones. Después de 40 días, ascendió a los cielos. Jesús envió el Espíritu Santo y pronto muchas personar fueron bautizadas como creyentes en Jesús como nuestro Salvador.

escalera

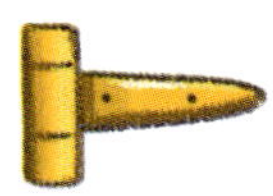

bisagra

pomo de puerta

rayos de luz

escorpión

tina

contraventana

LOYOLA PRESS.

3441 N. Ashland Avenue
Chicago, Illinois 60657
(800) 621-1008
www.loyolapress.com

Texto: Elisenda Castells

Ilustraciones: Gabrielle Murphy

Diseño: Estudi Guasch, S.L.

Originalmente publicado como *Biblia busca i troba*.

El Castell, 38 08329 Teià (Barcelona) España

www.mercedesros.com

Publicado en Estados Unidos en 2020 por Loyola Press.

ISBN: 978-0-8294-4966-2

Número de Control de la Biblioteca del Congreso USA: 2019945554

Impreso en China